Impressum
Verlag: BABADADA GmbH, Nedderfeld 112 , 22529 Hamburg
Geschäftsführer / Verlagsleitung: Harald Hof
Druck: Books on Demand GmbH, In de Tarpen 42, 22848 Norderstedt

Imprint
Publisher: BABADADA GmbH, Nedderfeld 112 , 22529 Hamburg, Germany
Managing Director / Publishing direction: Harald Hof
Print: Books on Demand GmbH, In de Tarpen 42, 22848 Norderstedt, Germany

Schule

学校

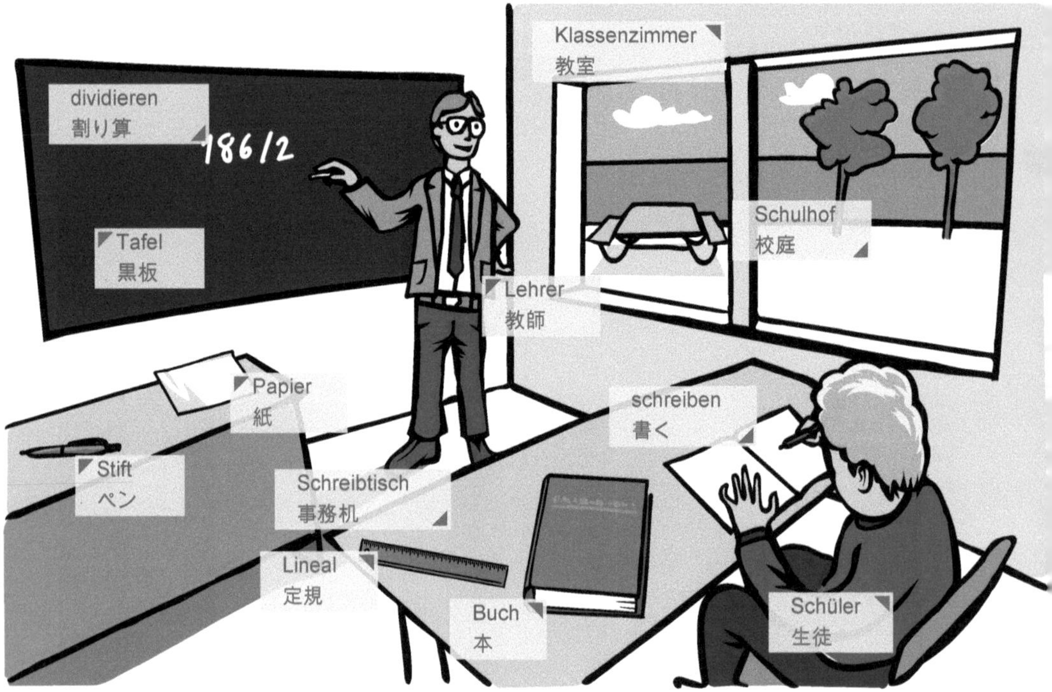

Klassenzimmer
教室
dividieren
割り算
186/2
Tafel
黒板
Schulhof
校庭
Lehrer
教師
Papier
紙
schreiben
書く
Stift
ペン
Schreibtisch
事務机
Lineal
定規
Buch
本
Schüler
生徒

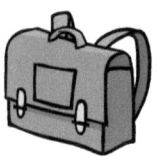

Ranzen

ランドセル

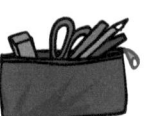

Federmappe

筆入れ

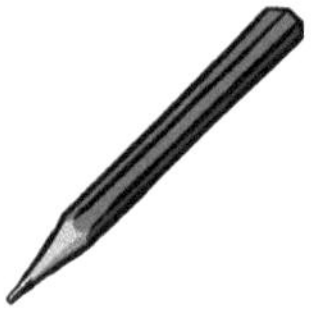

Bleistift

鉛筆

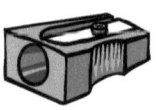

Bleistiftanspitzer

鉛筆削り

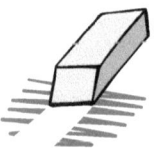

Radiergummi

消しゴム

Zeichenblock

スケッチブック

Zeichnung
スケッチ

Pinsel
絵筆

Malkasten
絵の具箱

Schere
はさみ

Klebstoff
接着剤

Übungsheft
練習帳

Hausaufgabe
宿題

12

Zahl
数

2+2

addieren
足し算

5-2

subtrahieren
引き算

2×2

multiplizieren
かけ算

rechnen
計算する

A

Buchstabe
文字

ABCDEFG
HIJKLMN
OPQRSTU
VWXYZ

Alphabet
アルファベット

Wort
単語

Text

テキスト

lesen

読む

Kreide

チョーク

Stunde

授業

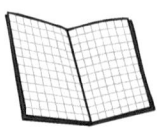

Klassenbuch

学級日誌

Prüfung

試験

Zeugnis

通知表

Schuluniform

制服

Ausbildung

教育

Lexikon

百科事典

Universität

大学

Mikroskop

顕微鏡

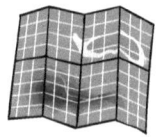

Karte

地図

Papierkorb

ごみ箱

Reise

旅行

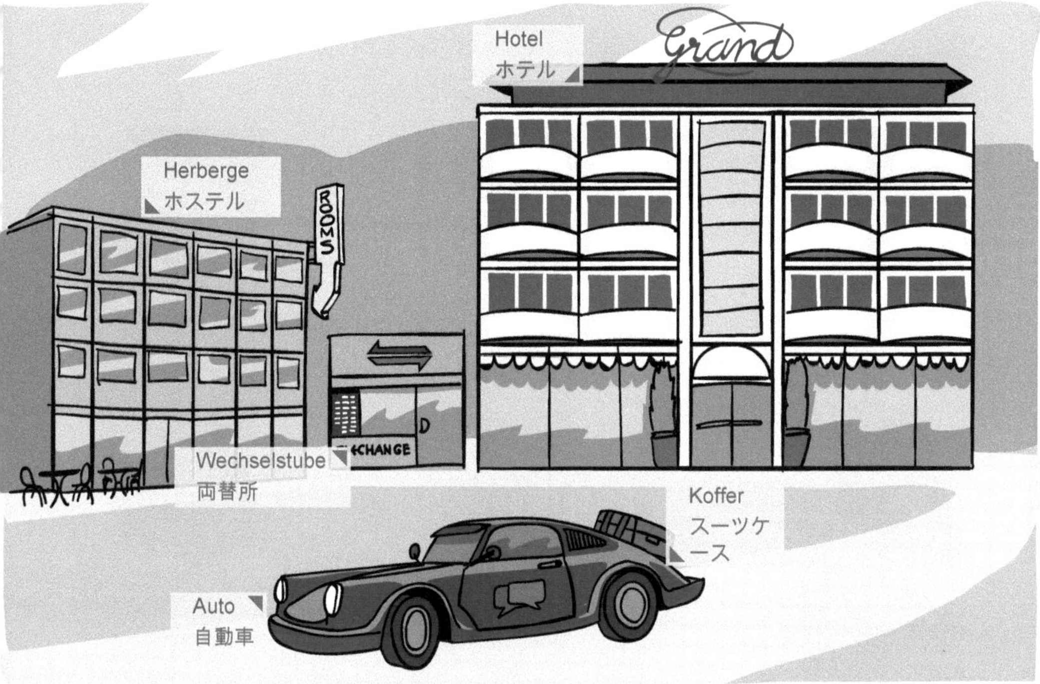
Hotel
ホテル
Grand
Herberge
ホステル
ROOMS
Wechselstube
両替所
Koffer
スーツケース
Auto
自動車

Sprache
言語

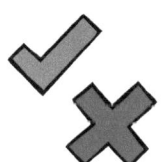

ja / nein
はい / いいえ

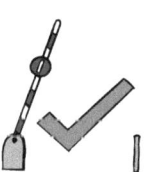

Okay
問題ない

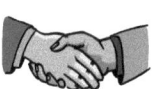

Hallo
ハロー

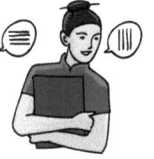

Übersetzer
翻訳者

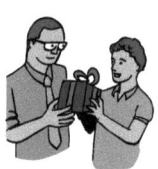

Danke
ありがとう

Was kostet…?

…はいくらですか？

Ich verstehe nicht

わかりません

Problem

問題

Guten Abend!

こんばんは！

Guten Morgen!

おはようございます！

Gute Nacht!

おやすみなさい！

Auf Wiedersehen

さようなら

Richtung

方向

Gepäck

手荷物

Tasche

バッグ

Rucksack

リュックサック

Gast

お客様

Zimmer

部屋

Schlafsack

寝袋

Zelt

テント

Touristeninformation

旅行者情報

Strand

ビーチ

Kreditkarte

クレジットカード

Frühstück

朝食

Mittagessen

昼食

Abendessen

夕食

Fahrkarte

チケット

Fahrstuhl

エレベーター

Briefmarke

スタンプ

Grenze

境界

Zoll

税関

Botschaft

大使館

Visum

ビザ

Pass

パスポート

Transcript

輸送

Flugzeug
飛行機

Schiff
船

Feuerwehrauto
消防車

Bus
バス

Lastwagen
トラック

Motorboot
モーターボート

Fahrrad
自転車

Auto
自動車

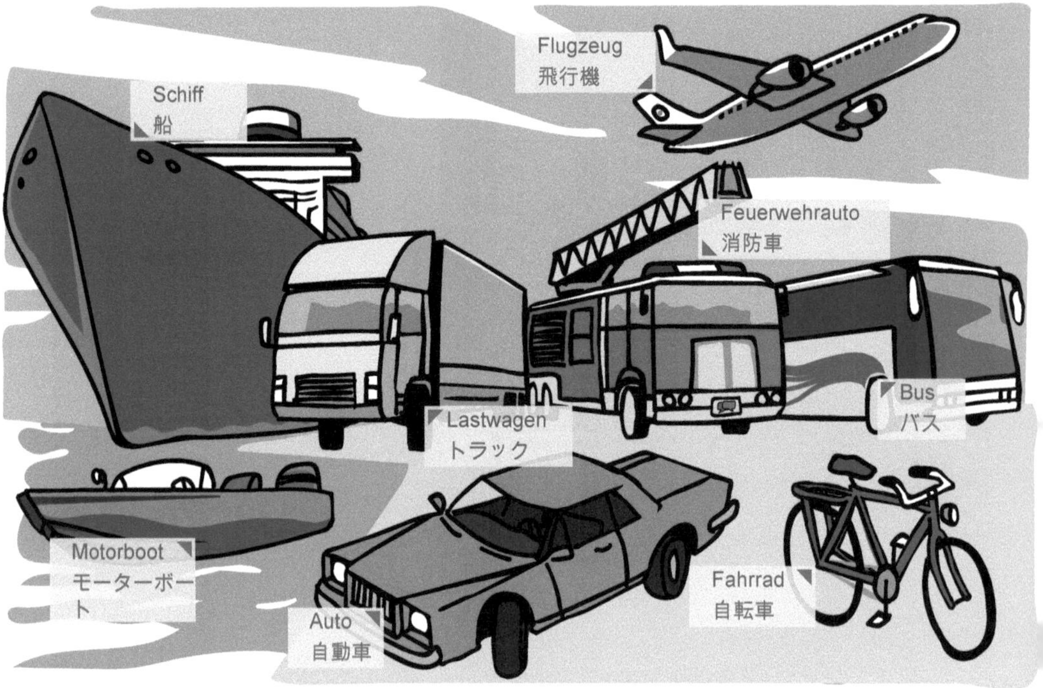

Fähre
フェリー

Boot
ボート

Motorrad
バイク

Polizeiauto
パトカー

Rennauto
レーシングカー

Mietwagen
レンタカー

Carsharing

カーシェアリング

Abschleppwagen

レッカー車

Müllauto

ごみ収集車

Motor

モーター

Kraftstoff

燃料

Tankstelle

ガソリンスタンド

Verkehrsschild

交通標識

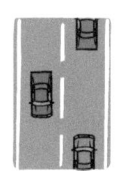

Verkehr

交通

Stau

渋滞

Parkplatz

駐車場

Bahnhof

駅

Schienen

道

Zug

列車

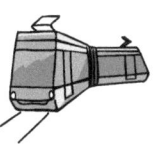

Straßenbahn

路面電車

Wagon

車両

Helikopter

ヘリコプター

Flughafen

空港

Tower

タワー

Passagier

乗客

Container

コンテナ

Karton

段ボール箱

Karren

カート

Korb

カゴ

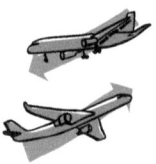

starten / landen

離陸 / 着陸

Stadt

都市

Dorf

村

Stadtzentrum

都心

Haus

家

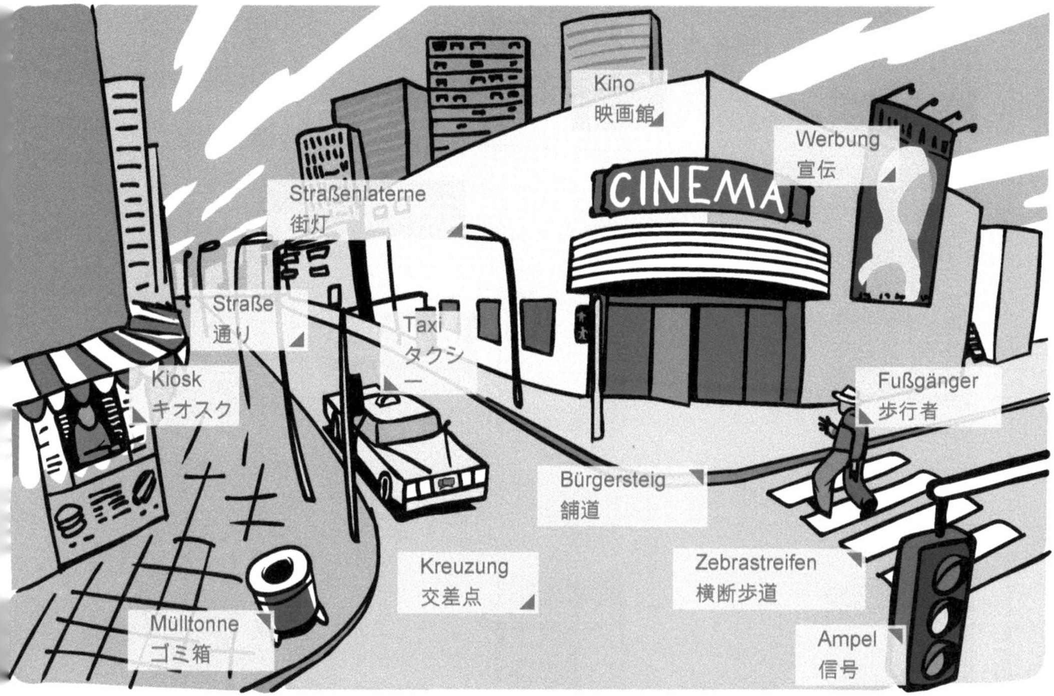

Kino
映画館

Werbung
宣伝

Straßenlaterne
街灯

CINEMA

Straße
通り

Taxi
タクシー

Kiosk
キオスク

Fußgänger
歩行者

Bürgersteig
舗道

Kreuzung
交差点

Zebrastreifen
横断歩道

Ampel
信号

Mülltonne
ゴミ箱

Hütte

小屋

Wohnung

アパート

Bahnhof

駅

Rathaus

市役所

Museum

美術館

Schule

学校

Stadt - 都市

Universität

大学

Bank

銀行

Krankenhaus

病院

Hotel

ホテル

Apotheke

薬局

Büro

オフィス

Buchhandlung

書店

Geschäft

ショップ

Blumenladen

花屋

Supermarkt

スーパーマーケット

Markt

市場

Kaufhaus

デパート

Fischhändler

魚屋

Einkaufszentrum

ショッピングセンター

Hafen

港

Park
公園

Bank
ベンチ

Brücke
橋

Treppe
階段

U-Bahn
地下鉄

Tunnel
トンネル

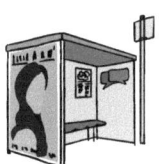

Bushaltestelle
バス停

Bar
バー

Restaurant
レストラン

Briefkasten
ポスト

Straßenschild
道路標識

Parkuhr
パーキングメーター

Zoo
動物園

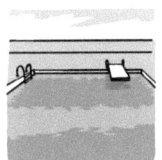

Badeanstalt
スイミングプール

Moschee
モスク

Bauernhof

農場

Umweltverschmutzung

汚染

Friedhof

墓地

Kirche

教会

Spielplatz

遊び場

Tempel

寺

Landschaft

風景

Blatt
葉

Wegweiser
道標

Weg
道

Wiese
草地

Stein
石

Baum
木

Wanderer
ハイカー

Fluss
川

Gras
草

Blume
花

Tal
谷

Berg
山

See
湖

Wald
森

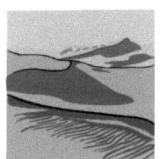

Wüste
砂漠

Vulkan
火山

Schloss
城

Regenbogen
虹

Pilz
キノコ

Palme
ヤシの木

Moskito
蚊

Fliege
ハエ

Ameise
蟻

Biene
ミツバチ

Spinne
クモ

Käfer

カブトムシ

Frosch

蛙

Eichhörnchen

リス

Igel

ハリネズミ

Hase

ウサギ

Eule

フクロウ

Vogel

鳥

Schwan

白鳥

Wildschwein

雄豚

Hirsch

鹿

Elch

ヘラジカ

Staudamm

ダム

Windrad

風力タービン

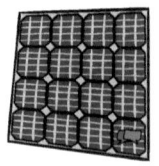

Solarmodul

ソーラーパネル

Klima

気候

Restaurant
レストラン

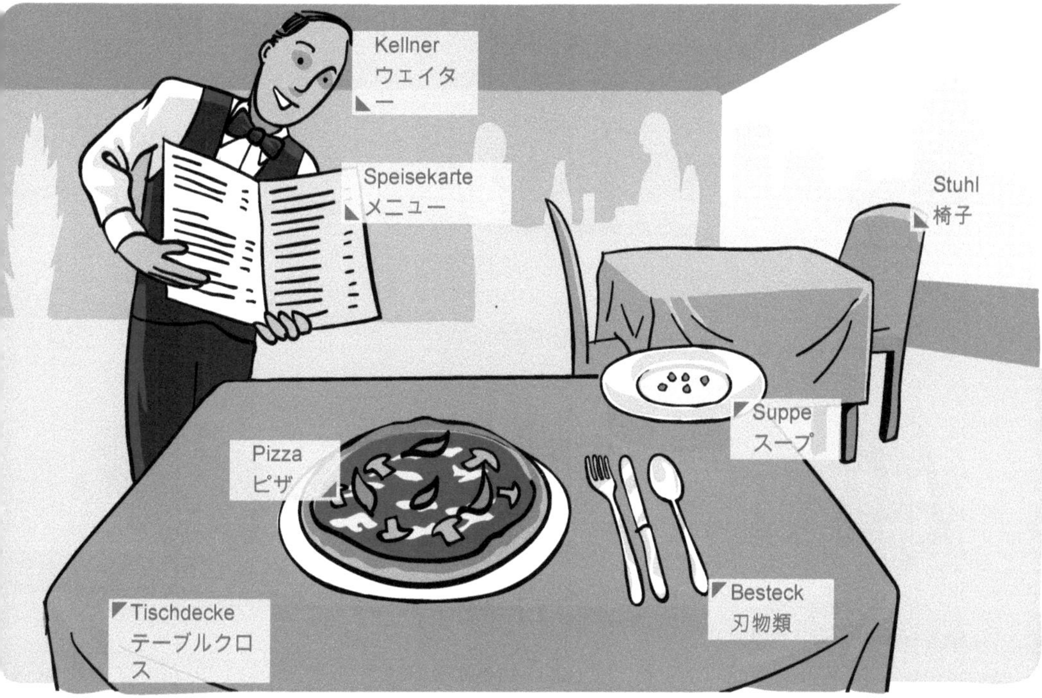

Kellner
ウェイター
Speisekarte
メニュー
Stuhl
椅子
Suppe
スープ
Pizza
ピザ
Besteck
刃物類
Tischdecke
テーブルクロス

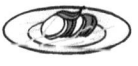

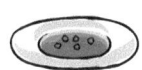

Vorspeise

前菜

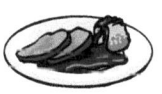

Hauptgericht

メインコース

Nachspeise

デザート

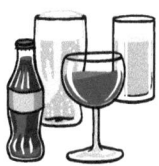

Getränke

飲み物

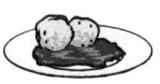

Essen

食べ物

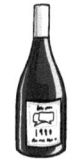

Flasche

ボトル

Fastfood

ファストフード

Streetfood

屋台の食べ物

Teekanne

ティーポット

Zuckerdose

砂糖入れ

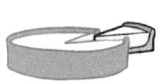

Portion

一人前

Espressomaschine

エスプレッソマシン

Hochstuhl

幼児用食事椅子

Rechnung

請求書

Tablett

トレー

Messer

ナイフ

Gabel

フォーク

Löffel

スプーン

Teelöffel

ティースプーン

Serviette

ナプキン

Glas

グラス

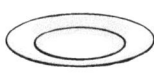

Teller
皿

Suppenteller
スープ皿

Untertasse
受け皿

Sauce
ソース

Salzstreuer
塩入れ

Pfeffermühle
ペッパーミル

Essig
酢

Öl
油

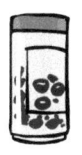

Gewürze
スパイス

Ketchup
ケチャップ

Senf
マスタード

Mayonnaise
マヨネーズ

Supermarkt

スーパーマーケット

Angebot
特価品
FOR
Kunde
顧客
Milchprodukte
乳製品
Obst
果物
Einkaufswagen
ショッピング・カート

BUTCHERS

Schlachterei

肉屋

BAKERY

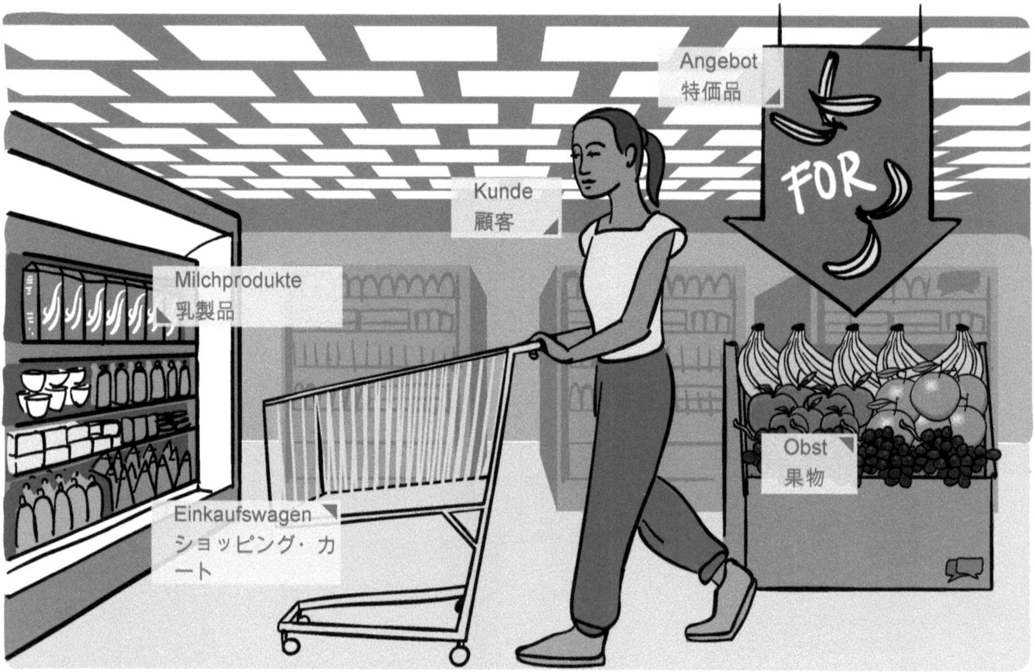

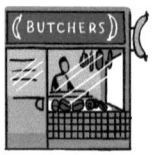

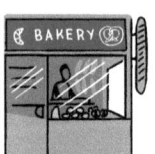

Bäckerei

パン屋

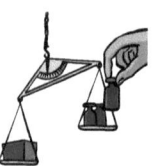

wiegen

重さをはかる

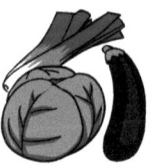

Gemüse

野菜

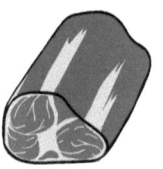

Fleisch

肉

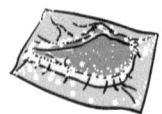

Tiefkühlkost

冷凍食品

Aufschnitt

冷肉の薄切り

Konserven

缶詰食品

Waschmittel

洗剤

Süßigkeiten

菓子

Haushaltsartikel

家庭用品

Reinigungsmittel

清掃用品

Verkäuferin

販売員

Kasse

現金箱

Kassierer

レジ係

Einkaufsliste

買い物リスト

Öffnungszeiten

開館時刻

Brieftasche

財布

Kreditkarte

クレジットカード

Tasche

バッグ

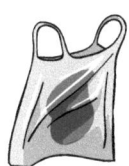

Plastiktüte

ポリ袋

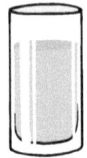

Wasser

水

Saft

ジュース

Milch

牛乳

Cola

コーラ

Wein

ワイン

Bier

ビール

Alkohol

アルコール

Kakao

ココア

Tee

紅茶

Kaffee

コーヒー

Espresso

エスプレッソ

Cappuccino

カプチーノ

Banane

バナナ

Apfel

リンゴ

Orange

オレンジ

Melone

メロン

Zitrone

レモン

Karotte

ニンジン

Knoblauch

ニンニク

Bambus

竹

Zwiebel

玉ねぎ

Pilz

キノコ

Nüsse

ナッツ

Nudeln

ヌードル

Spaghetti

スパゲッティ

Reis

米

Salat

サラダ

Pommes frites

フライドポテト

Bratkartoffeln

フライドポテト

Pizza

ピザ

Hamburger

ハンバーガー

Sandwich

サンドウィッチ

Schnitzel

カツレツ

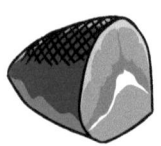

Schinken

ハム

Salami

サラミ

Wurst

ソーセージ

Huhn

鶏肉

Braten

焼き

Fisch

魚

Haferflocken

麦のお粥

Müsli

ムーズリ

Cornflakes

コーンフレーク

Mehl

小麦粉

Croissant

クロワッサン

Brötchen

ロールパン

Brot

パン

Toast

トースト

Kekse

ビスケット

Butter

バター

Quark

カッテージチーズ

Kuchen

ケーキ

Ei

卵

Spiegelei

目玉焼き

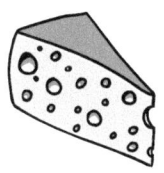

Käse

チーズ

Eiscreme

アイスクリーム

Zucker

砂糖

Honig

はちみつ

Marmelade

ジャム

Nougat-Creme

ヌガークリーム

Curry

カレー

Bauernhof
農場

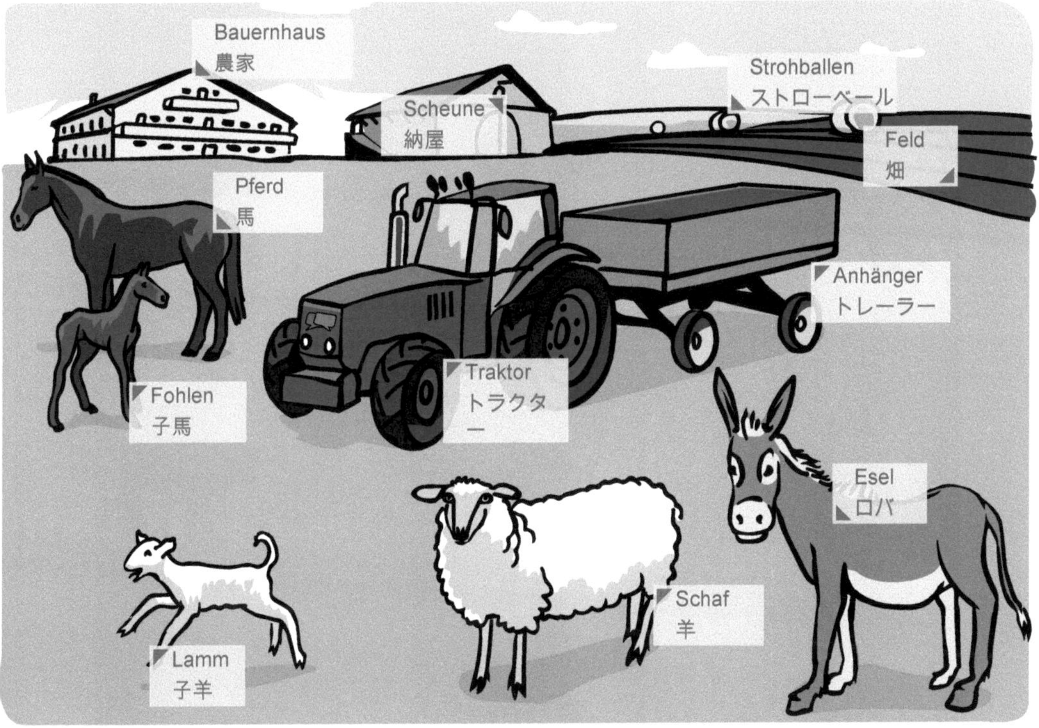
Bauernhaus
農家
Scheune
納屋
Strohballen
ストローベール
Feld
畑
Pferd
馬
Anhänger
トレーラー
Traktor
トラクター
Fohlen
子馬
Esel
ロバ
Schaf
羊
Lamm
子羊

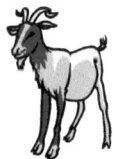

Ziege
ヤギ

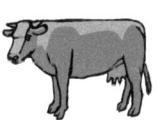

Kuh
雌牛

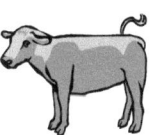

Kalb
子牛

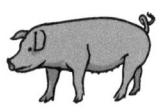

Schwein
豚

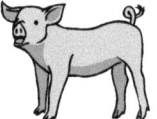

Ferkel
子豚

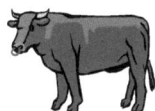

Bulle
雄牛

Gans

ガチョウ

Ente

アヒル

Küken

ひよこ

Huhn

にわとり

Hahn

おんどり

Ratte

ネズミ

Katze

猫

Maus

ねずみ

Ochse

雄牛

Hund

犬

Hundehütte

犬小屋

Gartenschlauch

散水ホース

Gießkanne

じょうろ

Sense

大鎌

Pflug

すき

Sichel

草刈り鎌

Hacke

くわ

Mistgabel

堆肥用フォーク

Axt

斧

Schubkarre

手押し車

Trog

かいばおけ

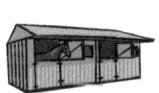

Milchkanne

牛乳缶

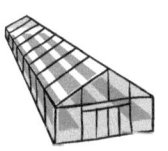

Sack

袋

Zaun

フェンス

Stall

畜舎

Treibhaus

温室

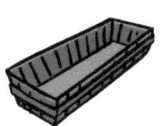

Boden

土壌

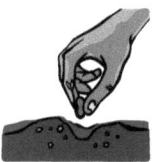

Saat

種

Dünger

肥料

Mähdrescher

コンバイン

ernten
収穫する

Ernte
収穫

Yamswurzel
ヤマイモ

Weizen
小麦

Soja
大豆

Kartoffel
じゃがいも

Mais
トウモロコシ

Raps
菜種

Obstbaum
果樹

Maniok
キャッサバ

Getreide
穀物

Haus
家

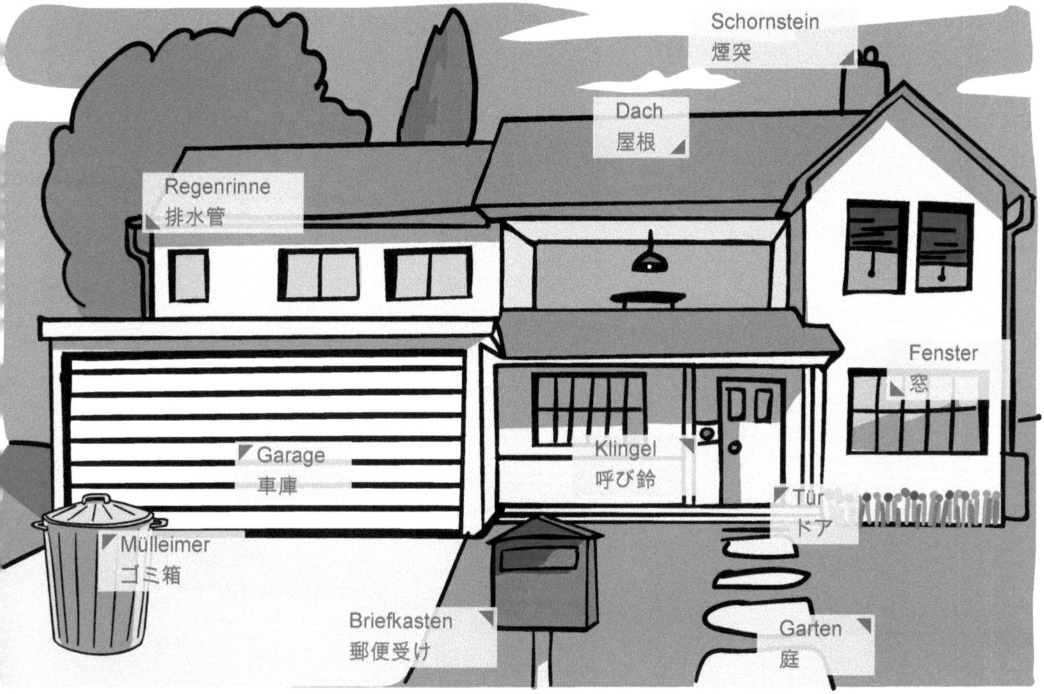

Schornstein
煙突
Dach
屋根
Regenrinne
排水管
Fenster
窓
Garage
車庫
Klingel
呼び鈴
Tür
ドア
Mülleimer
ゴミ箱
Briefkasten
郵便受け
Garten
庭

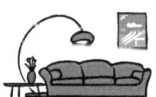

Wohnzimmer
リビングルーム

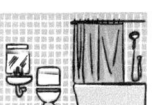

Badezimmer
浴室

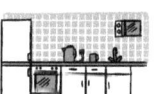

Küche
台所

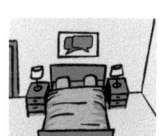

Schlafzimmer
寝室

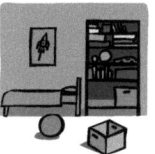

Kinderzimmer
子供部屋

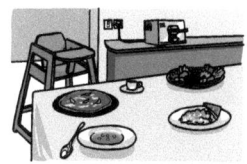

Esszimmer
ダイニング· ルーム

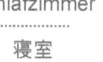

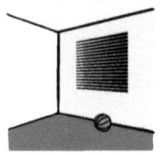

Boden
床

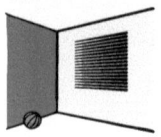

Wand
壁

Decke
天井

Keller
地下貯蔵庫

Sauna
サウナ

Balkon
バルコニー

Terrasse
テラス

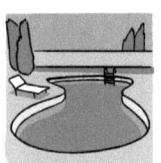

Schwimmbad
プール

Rasenmäher
芝刈り機

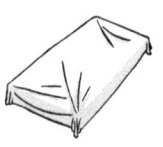

Bettbezug
シーツ

Bettdecke
ベッドカバー

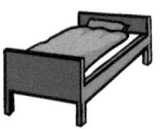

Bett
ベッド

Besen
ほうき

Eimer
バケツ

Schalter
スイッチ

Wohnzimmer
リビングルーム

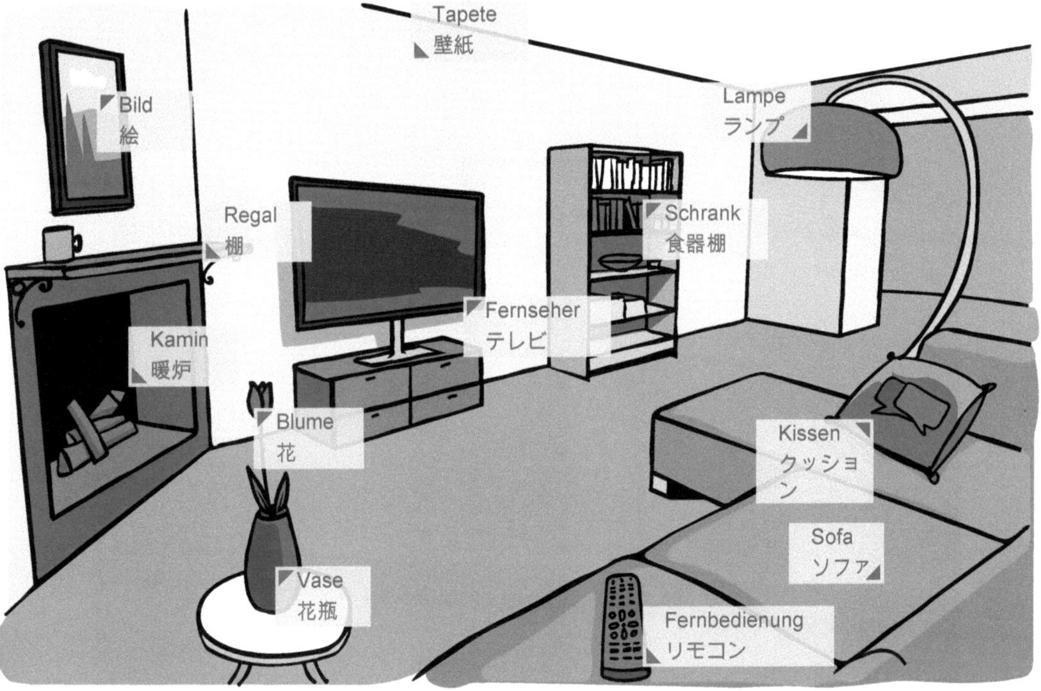
Tapete
壁紙
Bild
絵
Lampe
ランプ
Regal
棚
Schrank
食器棚
Fernseher
テレビ
Kamin
暖炉
Blume
花
Kissen
クッション
Sofa
ソファ
Vase
花瓶
Fernbedienung
リモコン

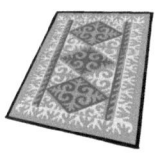

Teppich

カーペット

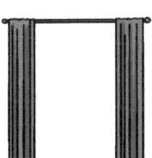

Vorhang

カーテン

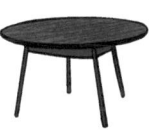

Tisch

テーブル

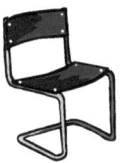

Stuhl

椅子

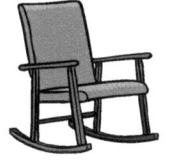

Schaukelstuhl

ロッキングチェア

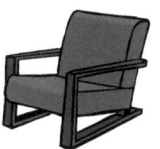

Sessel

ひじ掛け椅子

Buch

本

Decke

毛布

Dekoration

飾り

Feuerholz

たきぎ

Film

映画

Stereoanlage

ステレオ

Schlüssel

鍵

Zeitung

新聞

Gemälde

絵画

Poster

ポスター

Radio

ラジオ

Notizblock

メモ帳

Staubsauger

掃除機

Kaktus

サボテン

Kerze

ろうそく

Küche
台所

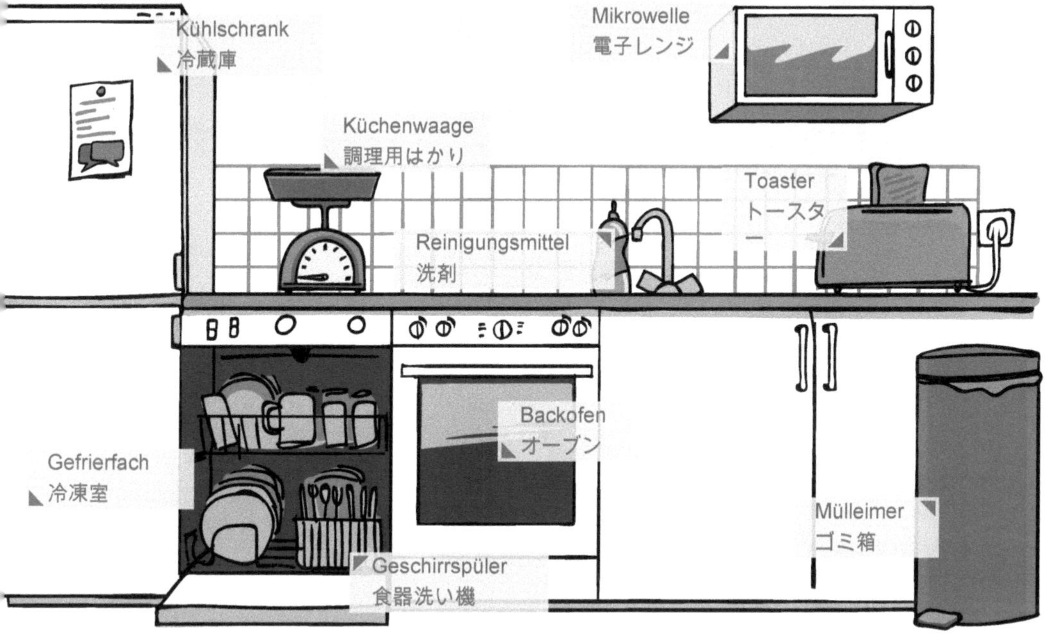
Kühlschrank
冷蔵庫
Mikrowelle
電子レンジ
Küchenwaage
調理用はかり
Toaster
トースタ
ー
Reinigungsmittel
洗剤
Backofen
オーブン
Gefrierfach
冷凍室
Mülleimer
ゴミ箱
Geschirrspüler
食器洗い機

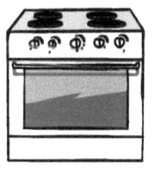

Herd

こんろ

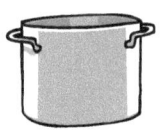

Topf

鍋

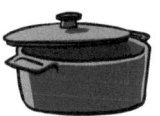

Eisentopf

鉄鍋

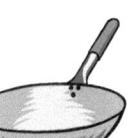

Wok / Kadai

中華鍋/ カダイ鍋

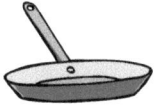

Pfanne

フライパン

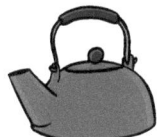

Wasserkocher

やかん

Dampfgarer

蒸し器

Backblech

天板

Geschirr

食器

Becher

マグカップ

Schale

ボウル

Essstäbchen

箸

Suppenkelle

おたま

Pfannenwender

へら

Schneebesen

泡立て器

Kochsieb

こし器

Sieb

ふるい

Reibe

すりおろし器

Mörser

すり鉢

Grill

バーベキュー

Feuerstelle

かまど

Schneidebrett

まな板

Nudelholz

麺棒

Korkenzieher

栓抜き

Dose

缶

Dosenöffner

缶切り

Topflappen

鍋つかみ

Waschbecken

流し

Bürste

ブラシ

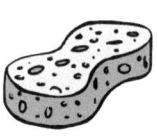

Schwamm

スポンジ

Mixer

ミキサー

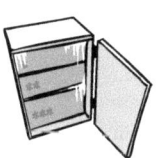

Gefriertruhe

冷凍庫

Babyflasche

哺乳瓶

Wasserhahn

蛇口

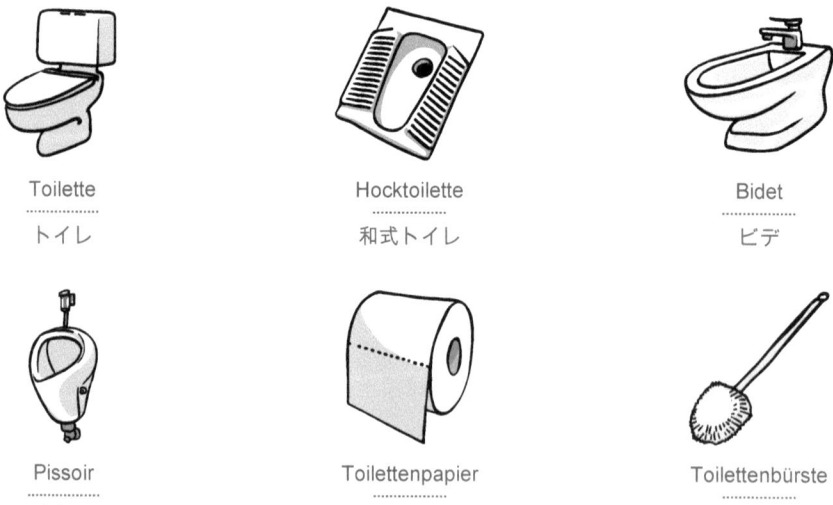

Badezimmer

浴室

Heizung
ヒーター
Handtuch
タオル
Dusche
シャワー
Duschvorhang
シャワーカーテ
ン
Schaumbad
泡風呂
Badewanne
浴槽
Glas
グラス
Waschmaschine
洗濯機
Wasserhahn
蛇口
Fliesen
タイル
Töpfchen
おまる
Waschbecken
流し

Toilette

トイレ

Hocktoilette

和式トイレ

Bidet

ビデ

Pissoir

小便器

Toilettenpapier

トイレットペーパー

Toilettenbürste

トイレブラシ

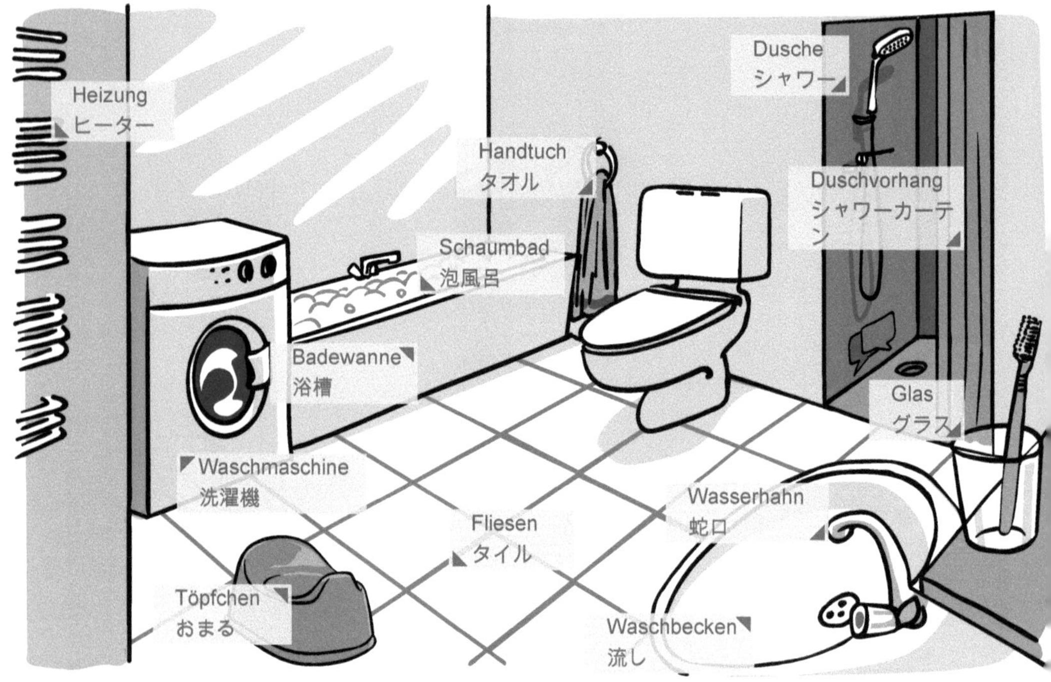

Zahnbürste

歯ブラシ

Zahnpasta

歯みがき

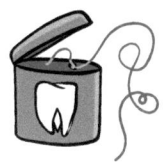

Zahnseide

デンタルフロス

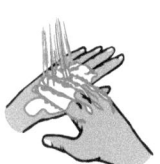

waschen

洗う

Handbrause

シャワーヘッド

Intimdusche

ハンドビデ

Waschschüssel

洗面台

Rückenbürste

ボディブラシ

Seife

石鹸

Duschgel

シャワー用ジェル

Shampoo

シャンプー

Waschlappen

浴用タオル

Abfluss

排水口

Creme

クリーム

Deodorant

消臭

Spiegel

鏡

Kosmetikspiegel

手鏡

Rasierer

かみそり

Rasierschaum

シェービング・フォーム

Rasierwasser

アフターシェーブローション

Kamm

櫛

Bürste

ブラシ

Föhn

ドライヤー

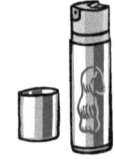

Haarspray

ヘアスプレー

Makeup

化粧

Lippenstift

口紅

Nagellack

マニキュア

Watte

脱脂綿

Nagelschere

爪切り

Parfum

香水

Kulturbeutel

洗面用具入れ

Hocker

スツール

Waage

体重計

Bademantel

バスローブ

Gummihandschuhe

ゴム手袋

Tampon

タンポン

Damenbinde

生理用ナプキン

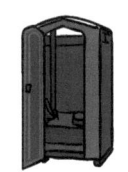

Chemietoilette

ケミカルトイレ

Kinderzimmer
子供部屋

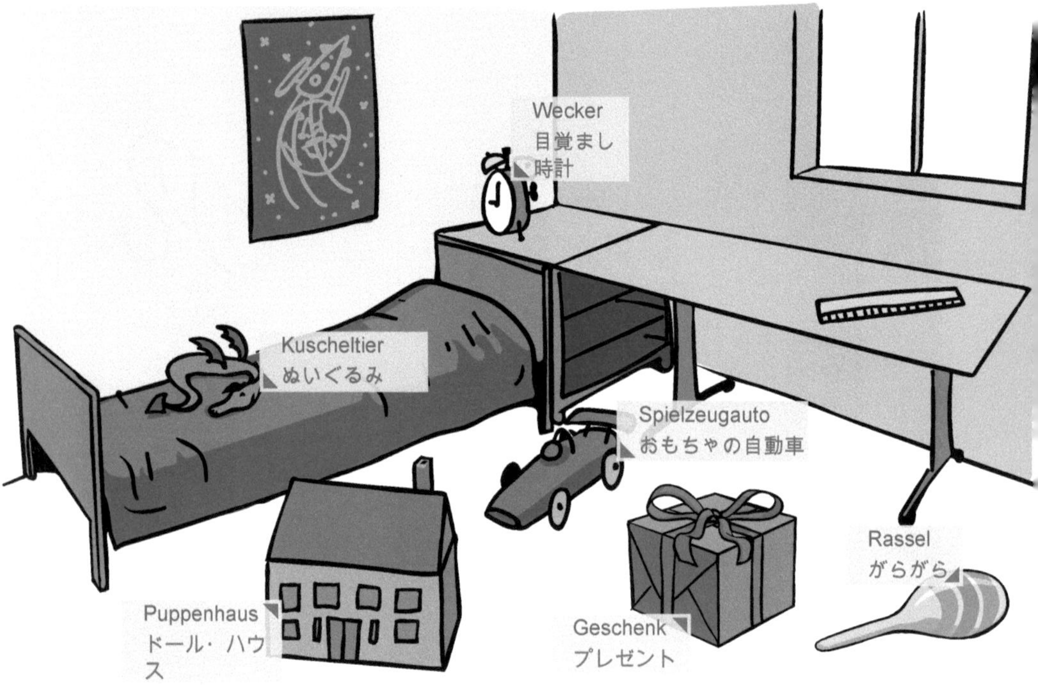

Wecker
目覚まし
時計
Kuscheltier
ぬいぐるみ
Spielzeugauto
おもちゃの自動車
Rassel
がらがら
Puppenhaus
ドール・ハウ
ス
Geschenk
プレゼント

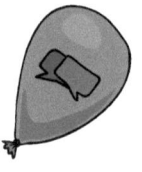

Ballon

風船

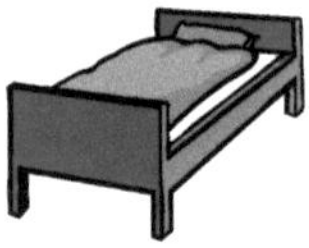

Bett

ベッド

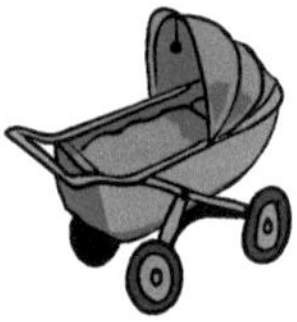

Kinderwagen

ベビーカー

Kartenspiel

カードゲーム

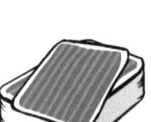

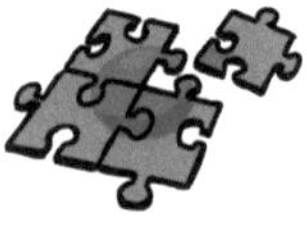

Puzzle

ジグソーパズル

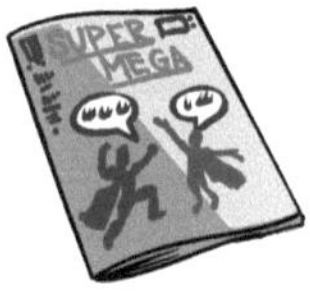

SUPER
MEGA

Comic

漫画

Legosteine
レゴ

Bausteine
玩具ブロック

Action Figur
アクションフィギュア

Strampelanzug
ロンパース

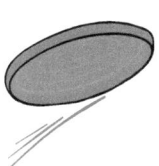

Frisbee
フリスビー

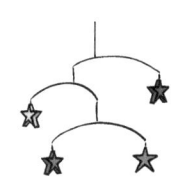

Mobile
モバイル

Brettspiel
ボードゲーム

Würfel
さいころ

Modelleisenbahn
鉄道模型

Schnuller
おしゃぶり

Party
パーティー

Bilderbuch
絵本

Ball
ボール

Puppe
人形

spielen
遊ぶ

Sandkasten

砂場

Schaukel

ブランコ

Spielzeug

おもちゃ

Spielkonsole

ゲーム機

Dreirad

三輪車

Teddy

テディベア

Kleiderschrank

衣装ダンス

Kleidung

衣服

Socken

靴下

Strümpfe

ストッキング

Strumpfhose

タイツ

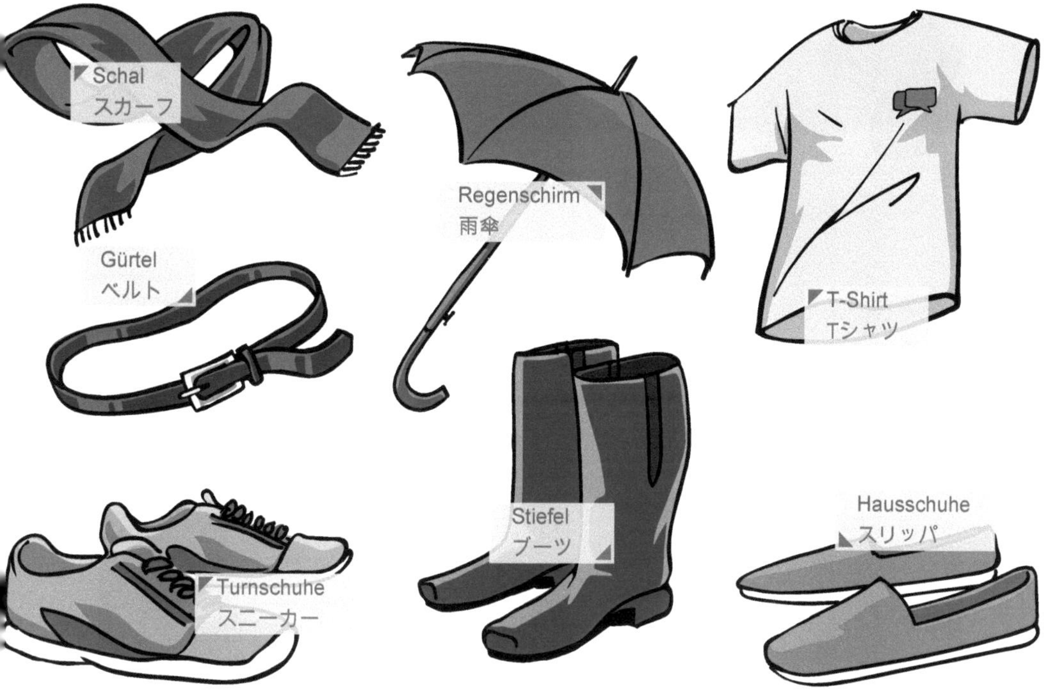

Schal
スカーフ

Gürtel
ベルト

Regenschirm
雨傘

T-Shirt
Tシャツ

Turnschuhe
スニーカー

Stiefel
ブーツ

Hausschuhe
スリッパ

Sandalen

サンダル

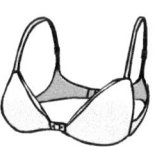

Schuhe

靴

Gummistiefel

ゴム長靴

Unterhose

パンツ

Büstenhalter

ブラ

Unterhemd

ベスト

Body

ボディースーツ

Hose

ズボン

Jeans

ジーンズ

Rock

スカート

Bluse

ブラウス

Hemd

シャツ

Pullover

セーター

Kapuzenpullover

パーカー

Blazer

ブレザー

Jacke

ジャケット

Mantel

コート

Regenmantel

レインコート

Kostüm

服装

Kleid

ドレス

Hochzeitskleid

ウェディングドレス

Anzug
スーツ

Nachthemd
ナイトガウン

Schlafanzug
パジャマ

Sari
サリー

Kopftuch
ヘッドスカーフ

Turban
ターバン

Burka
ブルカ

Kaftan
カフタン

Abaya
アバヤ

Badeanzug
水着

Badehose
トランクス

Kurze Hose
半ズボン

Trainingsanzug
スウェットスーツ

Schürze
エプロン

Handschuhe
手袋

Knopf

ボタン

Brille

メガネ

Armband

ブレスレット

Halskette

ネックレス

Ring

指輪

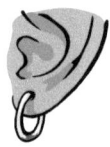

Ohrring

イヤリング

Mütze

帽子

Kleiderbügel

ハンガー

Hut

帽子

Krawatte

ネクタイ

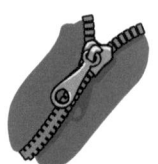

Reißverschluss

ファスナー

Helm

ヘルメット

Hosenträger

サスペンダー

Schuluniform

制服

Uniform

ユニフォーム

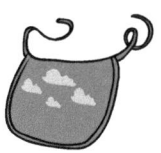

Lätzchen

よだれかけ

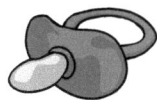

Schnuller

おしゃぶり

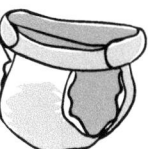

Windel

おむつ

Büro

オフィス

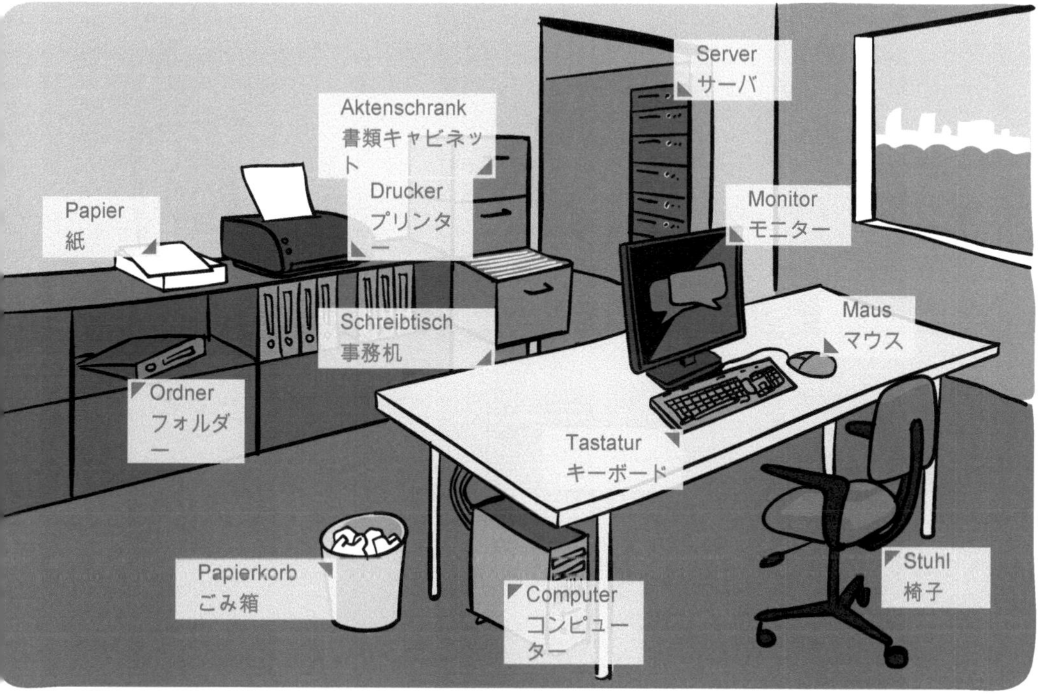
Server
サーバ
Aktenschrank
書類キャビネット
Drucker
プリンター
Papier
紙
Monitor
モニター
Schreibtisch
事務机
Maus
マウス
Ordner
フォルダー
Tastatur
キーボード
Papierkorb
ごみ箱
Computer
コンピューター
Stuhl
椅子

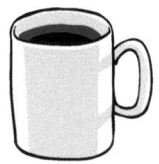

Kaffeebecher

コーヒーマグ

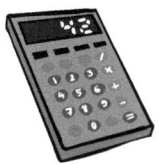

Taschenrechner

計算機

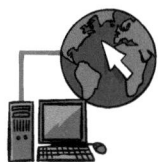

Internet

インターネット

Laptop

ラップトップ

Brief

手紙

Nachricht

メッセージ

Handy

携帯電話

Netzwerk

ネットワーク

Kopierer

コピー機

Software

ソフトウェア

Telefon

電話

Steckdose

コンセント

Fax

ファックス

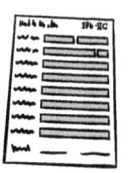

Formular

フォーム

Dokument

書類

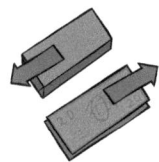

kaufen

買う

bezahlen

支払う

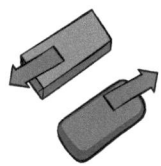

handeln

取引する

Geld

お金

Dollar

ドル

Euro

ユーロ

Yen

円

Rubel

ルーブル

Franken

スイスフラン

Renminbi Yuan

人民元

Rupie

ルピー

Geldautomat

キャッシュポイント

Wechselstube

両替所

Gold

金

Silber

銀

Öl

油

Energie

エネルギー

Preis

価格

Vertrag

契約

Steuer

税金

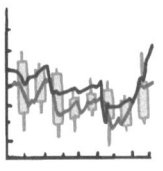

Aktie

株

arbeiten

働く

Angestellter

従業員

Arbeitgeber

雇用主

Fabrik

工場

Geschäft

ショップ

Polizist
警察官

Feuerwehrmann
消防士

Koch
コック

Arzt
医師

Pilot
パイロット

Gärtner

庭師

Tischler

大工

Näherin

お針子

Richter

裁判官

Chemiker

化学者

Schauspieler

俳優

Busfahrer

バスの運転手

Taxifahrer

タクシー運転手

Fischer

漁師

Putzfrau

掃除婦

Dachdecker

屋根ふき職人

Kellner

ウェイター

Jäger

ハンター

Maler

塗装工

Bäcker

パン屋

Elektriker

電気工

Bauarbeiter

建設作業員

Ingenieur

エンジニア

Schlachter

肉屋

Klempner

配管工

Postbote

郵便配達人

Soldat

軍人

Architekt

建築家

Kassierer

レジ係

Florist

花屋

Friseur

美容師

Schaffner

車掌

Mechaniker

機械工

Kapitän

キャプテン

Zahnarzt

歯科医

Wissenschaftler

科学者

Rabbi

ラビ

Imam

イスラム導師

Mönch

修道士

Geistlicher

牧師

Werkzeuge

道具

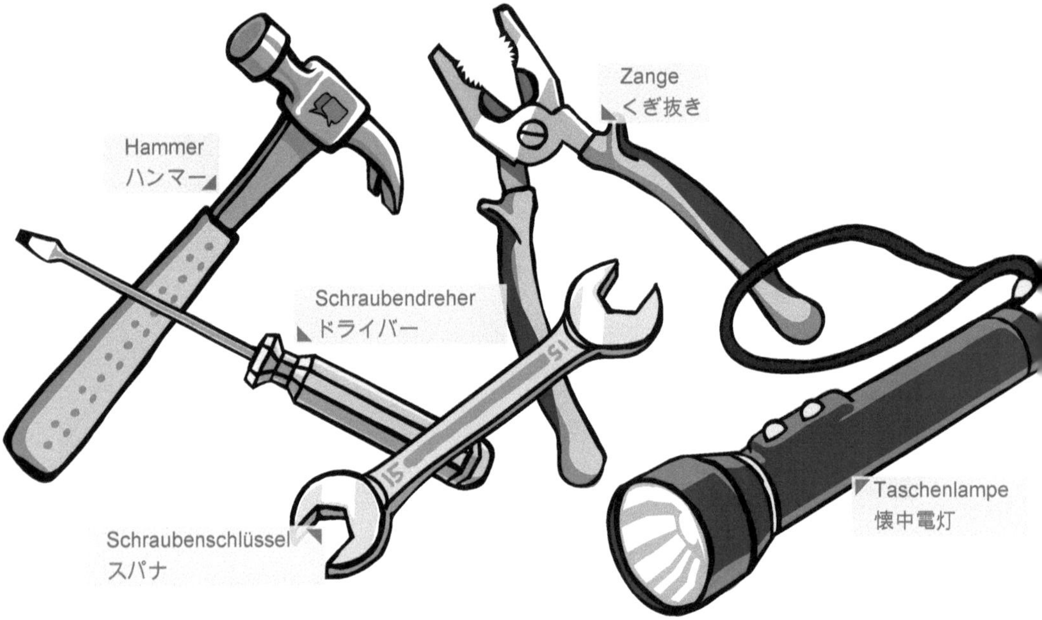

Hammer
ハンマー

Zange
くぎ抜き

Schraubendreher
ドライバー

Schraubenschlüssel
スパナ

Taschenlampe
懐中電灯

Bagger

掘削機

Werkzeugkasten

道具箱

Leiter

はしご

Säge

のこぎり

Nägel

釘

Bohrer

ドリル

reparieren

修理する

Schaufel

シャベル

Mist!

クソ！

Kehrblech

ちりとり

Farbtopf

ペンキ缶

Schrauben

ネジ

Musikinstrumente

楽器

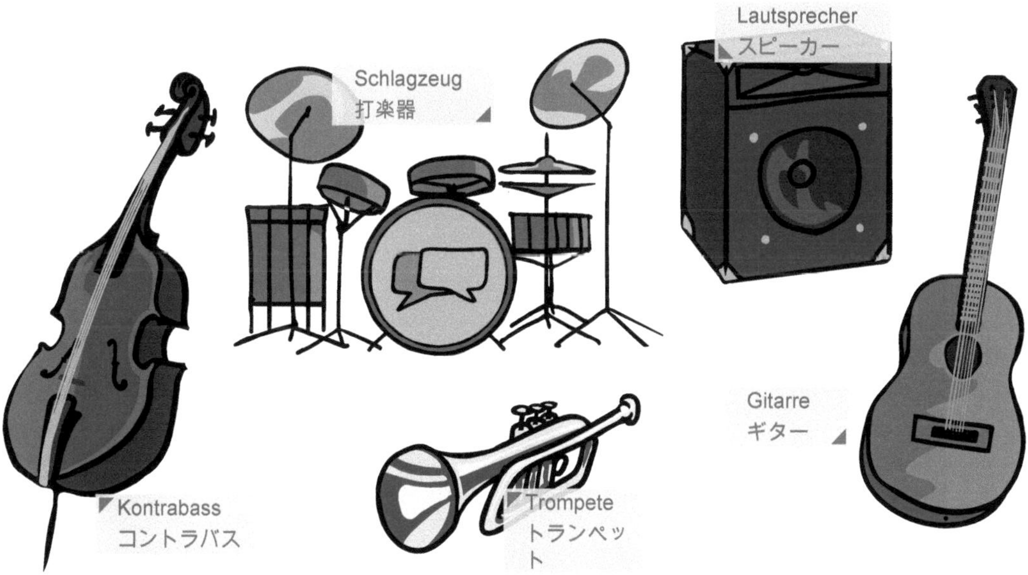

Schlagzeug
打楽器

Lautsprecher
スピーカー

Kontrabass
コントラバス

Trompete
トランペット

Gitarre
ギター

Klavier

ピアノ

Violine

バイオリン

Bass

バス

Pauke

ティンパニ

Trommeln

ドラム

Keyboard

キーボード

Saxophon

サックス

Flöte

フルート

Mikrofon

マイクロフォン

Zoo
動物園

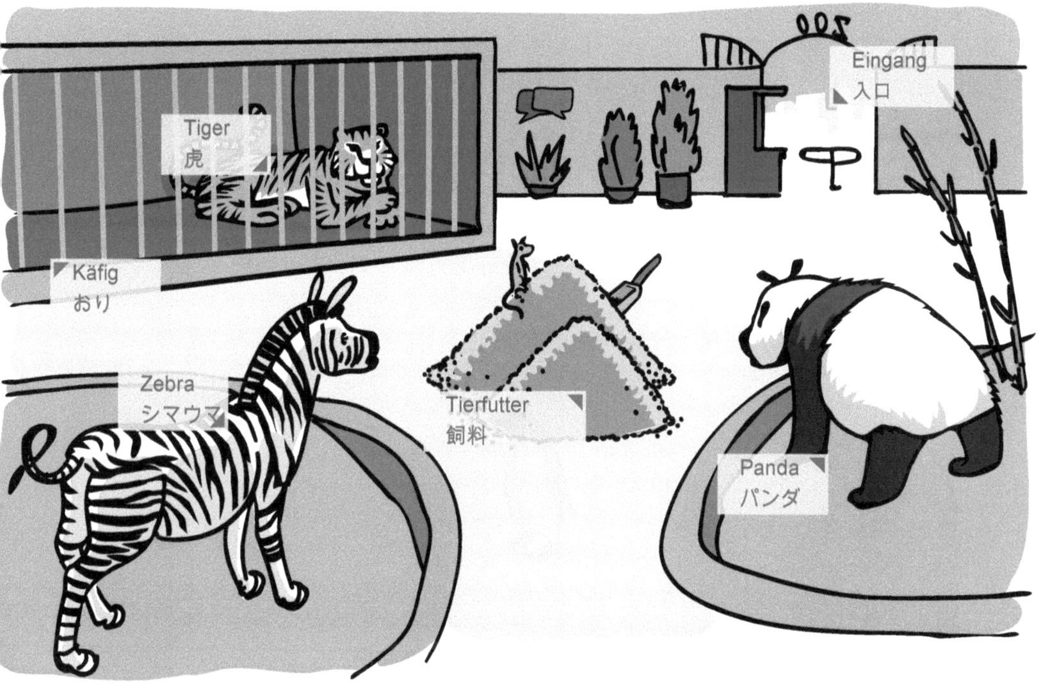
Tiger
虎
Käfig
おり
Zebra
シマウマ
Tierfutter
飼料
Eingang
入口
Panda
パンダ

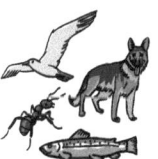

Tiere
動物

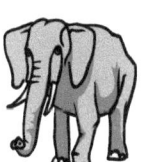

Elefant
象

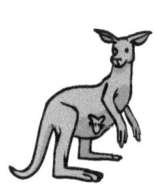

Känguru
カンガルー

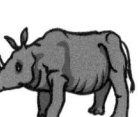

Nashorn
サイ

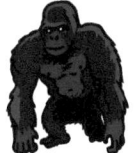

Gorilla
ゴリラ

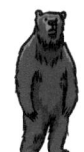

Bär
熊

Kamel

ラクダ

Strauß

ダチョウ

Löwe

ライオン

Affe

猿

Flamingo

フラミンゴ

Papagei

オウム

Eisbär

白クマ

Pinguin

ペンギン

Hai

サメ

Pfau

クジャク

Schlange

蛇

Krokodil

ワニ

Zoowärter

飼育係

Robbe

アザラシ

Jaguar

ジャガー

Pony

ポニー

Leopard

ヒョウ

Nilpferd

カバ

Giraffe

キリン

Adler

鷲

Wildschwein

雄豚

Fisch

魚

Schildkröte

亀

Walross

セイウチ

Fuchs

狐

Gazelle

ガゼル

American Football
アメフト

Radfahren
サイクリング

Tennis
テニス

Basketball
バスケットボール

Schwimmen
水泳

Boxen
ボクシング

Eishockey
アイスホッケー

Fußball
サッカー

Badminton
バドミントン

Leichtathletik
陸上競技

Handball
ハンドボール

Skilaufen
スキー

Polo
ポロ

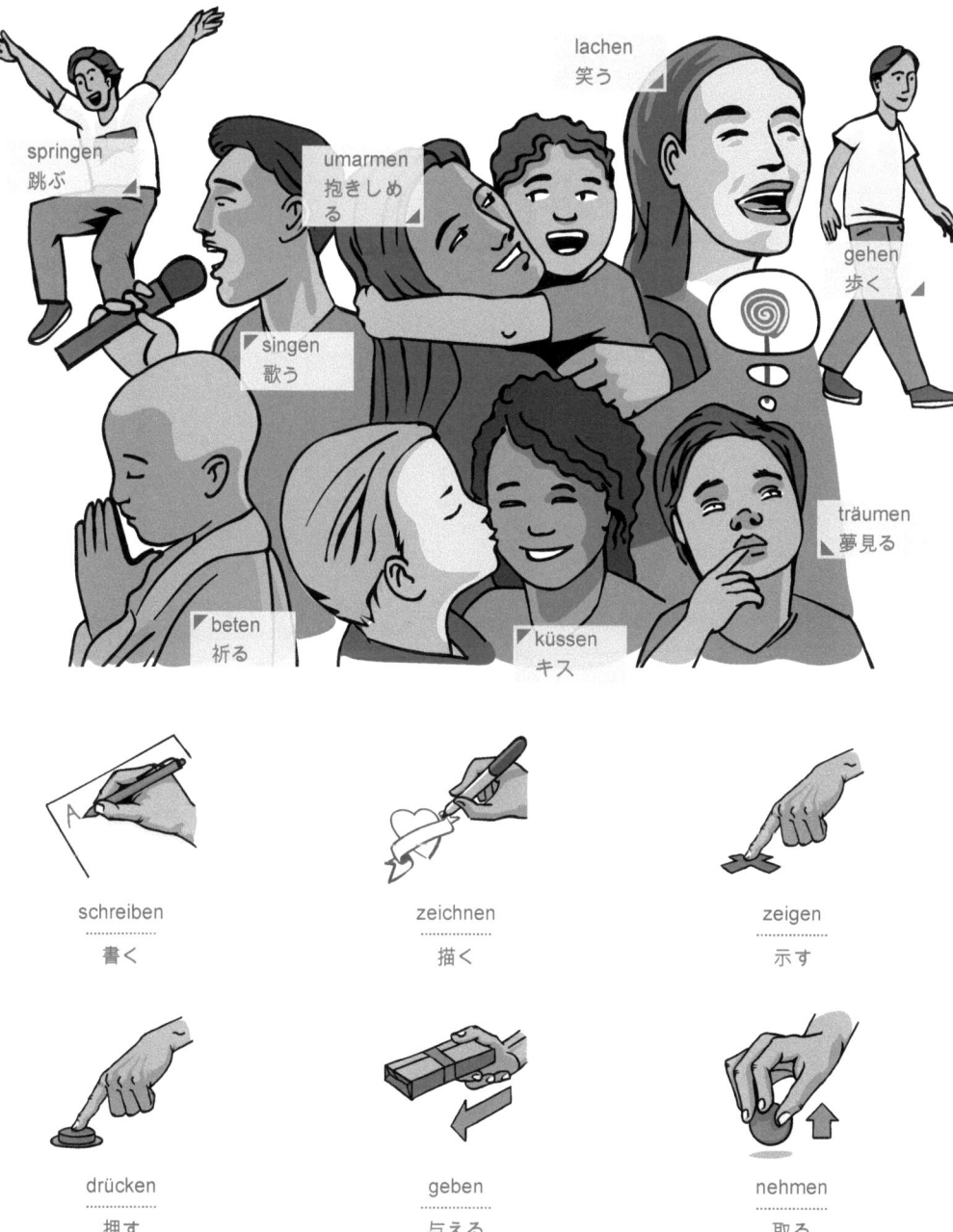

springen
跳ぶ

umarmen
抱きしめる

lachen
笑う

gehen
歩く

singen
歌う

träumen
夢見る

beten
祈る

küssen
キス

schreiben

書く

zeichnen

描く

zeigen

示す

drücken

押す

geben

与える

nehmen

取る

haben

持っている

tun

する

sein

ある

stehen

立つ

laufen

走る

ziehen

引く

werfen

投げる

fallen

落ちる

liegen

横たわっている

warten

待つ

tragen

運ぶ

sitzen

座る

anziehen

着る

schlafen

眠る

aufwachen

目が覚める

ansehen

見る

weinen

泣く

streicheln

なでる

kämmen

櫛ですく

reden

話す

verstehen

理解する

fragen

質問する

hören

聞く

trinken

飲む

essen

食べる

aufräumen

片づける

lieben

愛する

kochen

料理する

fahren

運転する

fliegen

飛ぶ

segeln

ヨットに乗る

rechnen

計算する

lesen

読む

lernen

学ぶ

arbeiten

働く

heiraten

結婚する

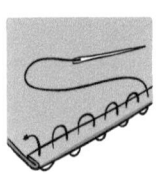

nähen

縫う

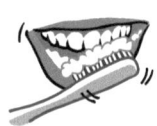

Zähne putzen

歯を磨く

töten

殺す

rauchen

喫煙する

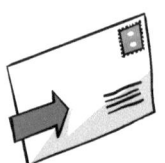

senden

送る

Familie
家族

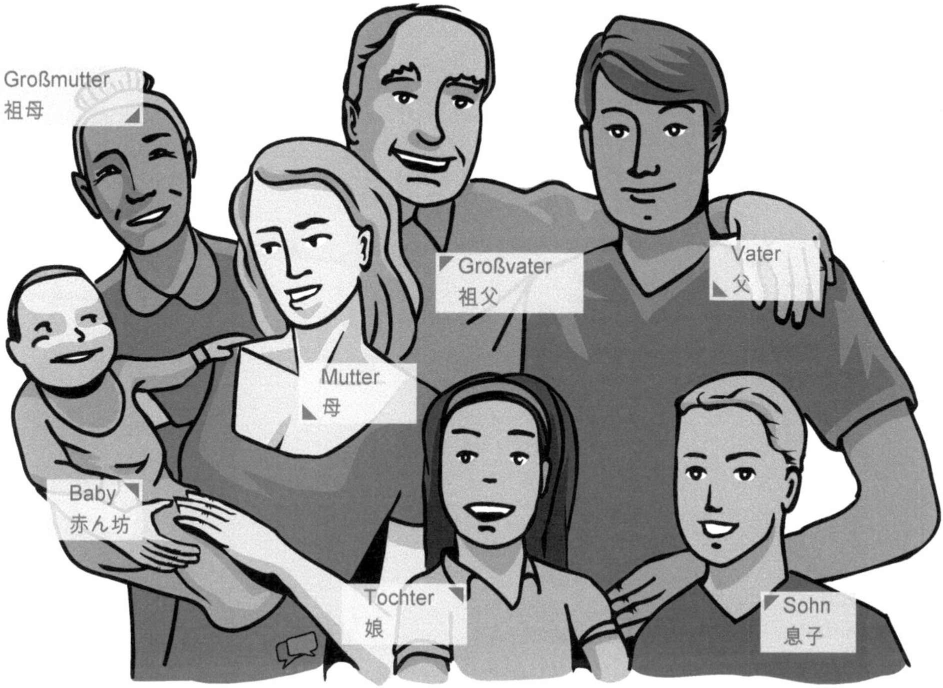

Großmutter
祖母
Großvater
祖父
Vater
父
Mutter
母
Baby
赤ん坊
Tochter
娘
Sohn
息子

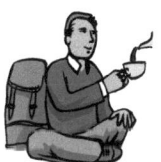

Gast
お客様

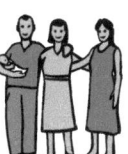

Tante
おば

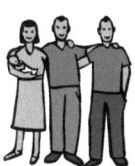

Onkel
おじ

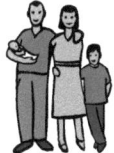

Bruder
兄弟

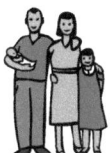

Schwester
姉妹

Körper
体

Stirn
ひたい
Auge
目
Schulter
肩
Finger
指
Gesicht
顔
Kinn
あご
Hand
手
Bein
脚
Brust
胸
Arm
腕

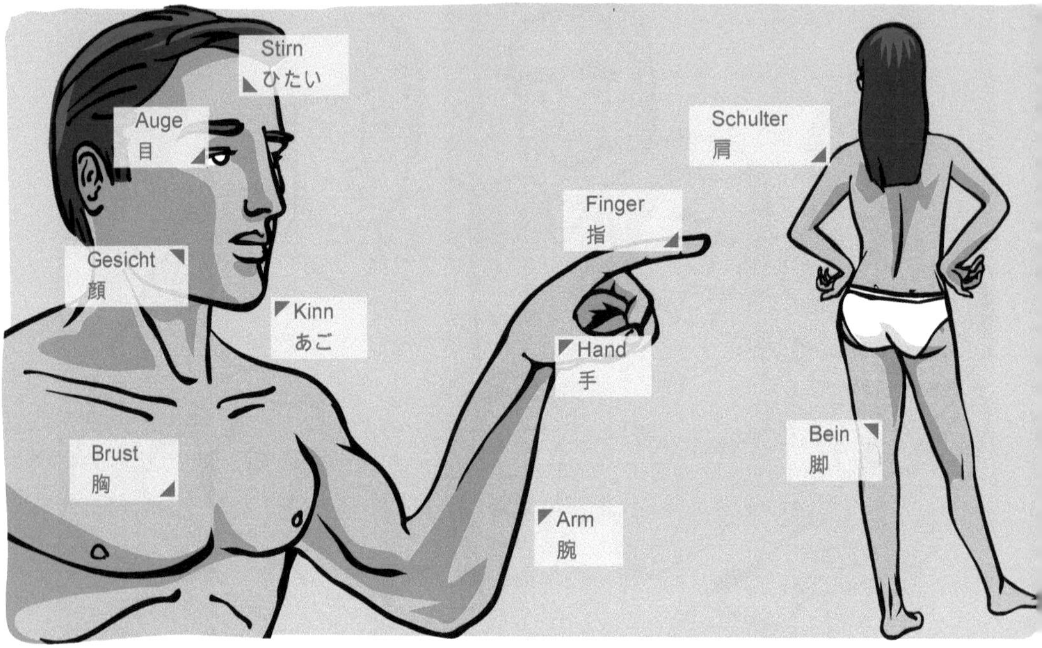

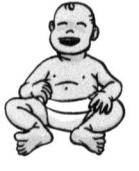

Baby
赤ん坊

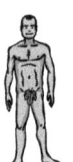

Mann
男性

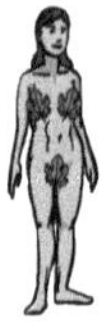

Frau
女性

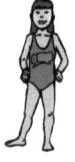

Mädchen
少女

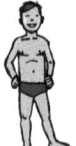

Junge
少年

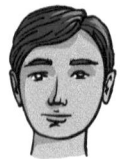

Kopf
頭

Rücken

背中

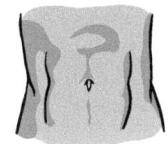

Bauch

腹

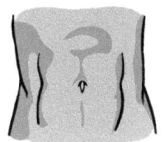

Nabel

へそ

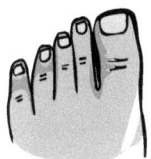

Zeh

足指

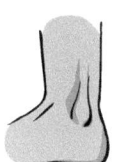

Ferse

かかと

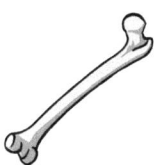

Knochen

骨

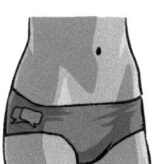

Hüfte

腰

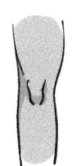

Knie

ひざ

Ellenbogen

ひじ

Nase

鼻

Gesäß

尻

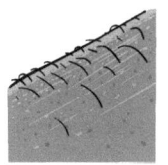

Haut

皮膚

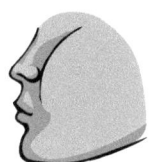

Wange

頬

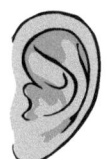

Ohr

耳

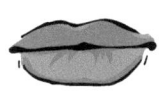

Lippe

唇

Mund

口

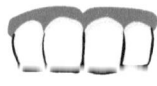

Zahn

歯

Zunge

舌

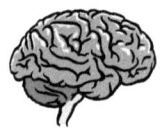

Gehirn

脳

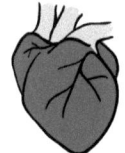

Herz

心臓

Muskel

筋肉

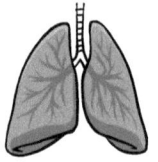

Lunge

肺

Leber

肝臓

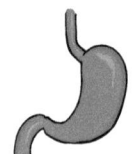

Magen

胃

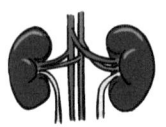

Nieren

腎臓

Geschlechtsverkehr

セックス

Kondom

コンドーム

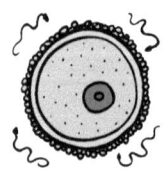

Eizelle

卵細胞

Sperma

精液

Schwangerschaft

妊娠

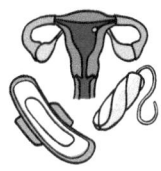

Menstruation

月経

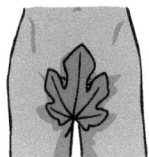

Vagina

膣

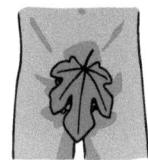

Penis

ペニス

Augenbraue

眉

Haar

髪

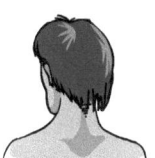

Hals

首

Krankenhaus
病院

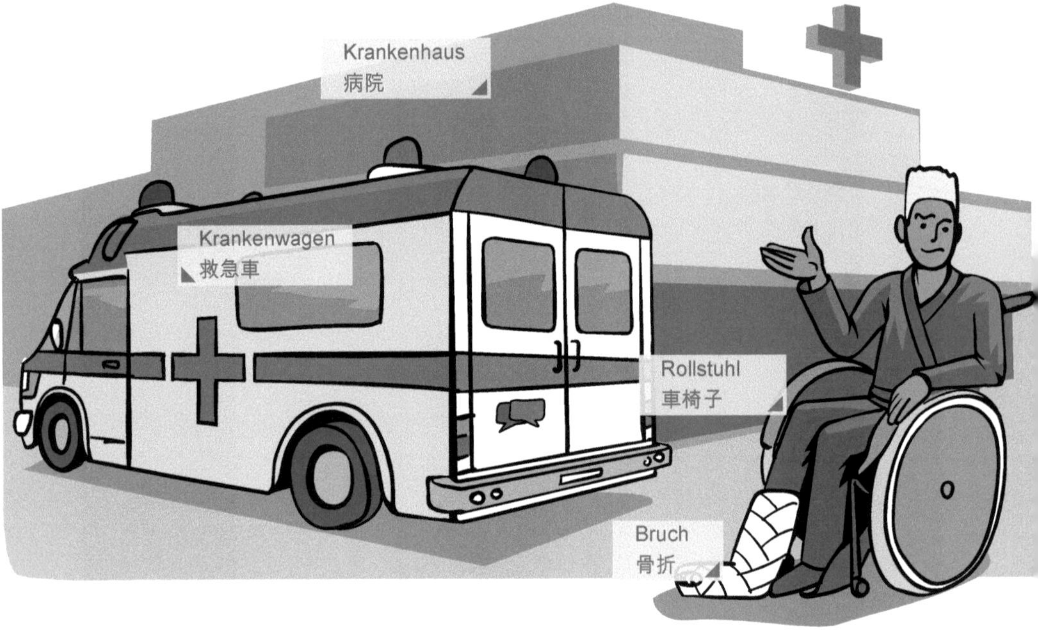

Krankenhaus
病院
Krankenwagen
救急車
Rollstuhl
車椅子
Bruch
骨折

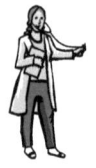

Arzt
医師

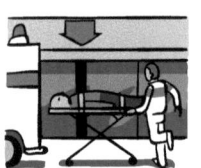

Notaufnahme
救急治療室

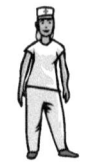

Krankenschwester
看護師

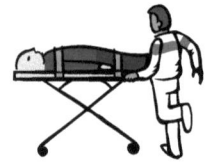

Notfall
救急

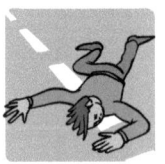

ohnmächtig
失神

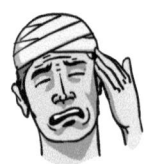

Schmerz
痛み

Verletzung

けが

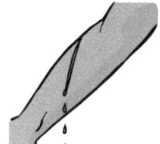

Blutung

出血

Herzinfarkt

心臓発作

Schlaganfall

脳卒中

Allergie

アレルギー

Husten

咳

Fieber

熱

Grippe

インフルエンザ

Durchfall

下痢

Kopfschmerzen

頭痛

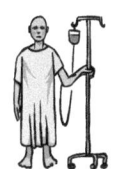

Krebs

癌

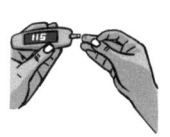

Diabetis

糖尿病

Chirurg

外科医

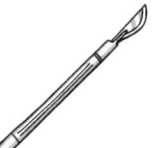

Skalpell

外科用メス

Operation

手術

CT
CT

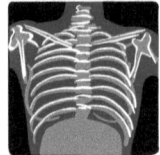
Röntgen
レントゲン

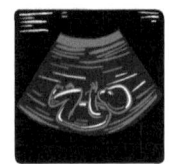
Ultraschall
超音波

Maske
マスク

Krankheit
病気

Wartezimmer
待合室

Krücke
松葉づえ

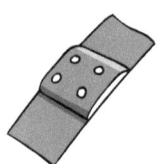
Pflaster
ばんそうこう

Verband
包帯

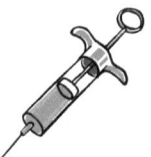
Injektion
注射

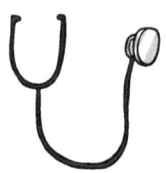
Stethoskop
聴診器

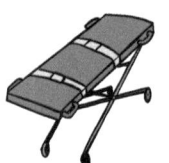
Trage
担架

Thermometer
体温計

Geburt
出産

Übergewicht
肥満

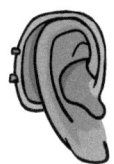

Hörgerät

補聴器

Desinfektionsmittel

消毒剤

Infektion

感染

Virus

ウイルス

HIV / AIDS

HIV / エイズ

Medizin

内服薬

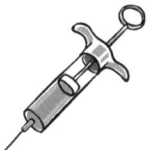

Impfung

予防接種

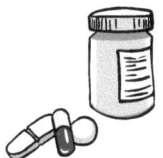

Tabletten

錠剤

Pille

ピル

Notruf

緊急電話

Blutdruck-Messgerät

血圧計

krank / gesund

病気の　/　健康な

Hilfe!

助けて！

Alarm

アラーム

Überfall

暴行

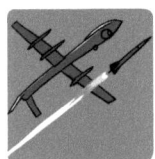

Angriff

攻撃

Gefahr

危険

Notausgang

非常口

Feuer!

火事だ！

Feuerlöscher

消火器

Unfall

事故

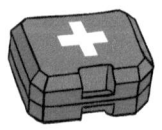

Erste-Hilfe-Koffer

救急箱

SOS

SOS

Polizei

警察

Europa

ヨーロッパ

Nordamerika

北米

Südamerika

南米

Afrika

アフリカ

Asien

アジア

Australien

オーストラリア

Atlantik

大西洋

Pazifik

太平洋

Indischer Ozean

インド洋

Antarktischer Ozean

南極海

Arktischer Ozean

北極海

Nordpol

北極

Südpol

南極

Antarktis

南極大陸

Erde

地球

Land

陸

Meer

海

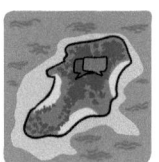

Insel

島

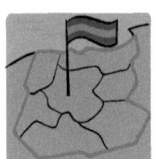

Nation

国家

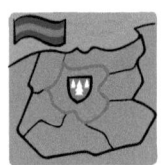

Staat

国家

Zifferblatt

文字盤

Stundenzeiger

短針

Minutenzeiger

長針

Sekundenzeiger

秒針

Wie spät ist es?

何時ですか？

Tag

日

Zeit

時間

jetzt

現在

Digitaluhr

デジタル時計

Minute

分

Stunde

時間

Woche

週

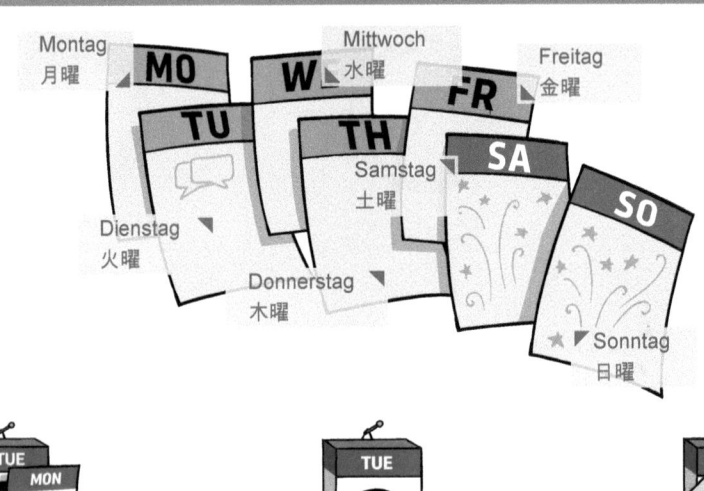

Montag 月曜
Dienstag 火曜
Mittwoch 水曜
Donnerstag 木曜
Freitag 金曜
Samstag 土曜
Sonntag 日曜

gestern

昨日

heute

今日

morgen

明日

Morgen

朝

Mittag

昼

Abend

夜

Arbeitstage

営業日

Wochenende

週末

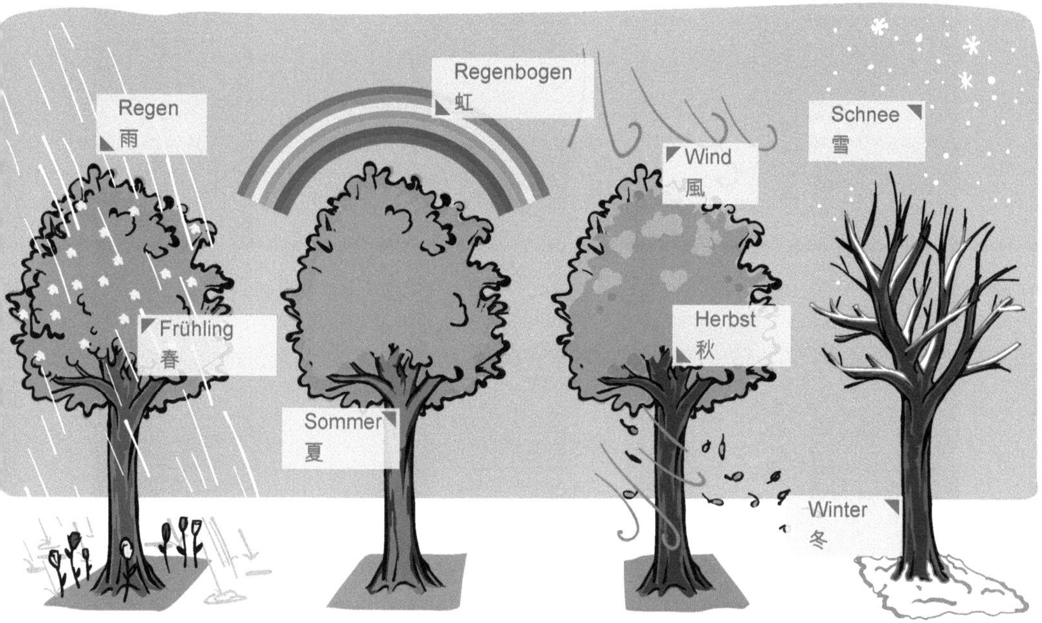

Regen
雨

Regenbogen
虹

Wind
風

Schnee
雪

Frühling
春

Sommer
夏

Herbst
秋

Winter
冬

Wettervorhersage

天気予報

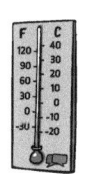

Thermometer

温度計

Sonnenschein

日差し

Wolke

雲

Nebel

霧

Luftfeuchtigkeit

湿度

Blitz

雷

Donner

雷

Sturm

嵐

Hagel

ひょう

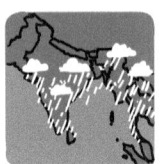

Monsun

季節風

Flut

洪水

Eis

氷

Januar

1月

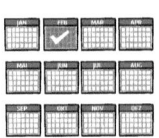

Februar

2月

März

3月

April

4月

Mai

5月

Juni

6月

Juli

7月

August

8月

September

9月

Oktober

10月

November

11月

Dezember

12月

Formen

形

Kreis

円

Quadrat

正方形

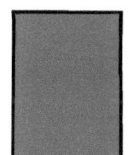

Rechteck

長方形

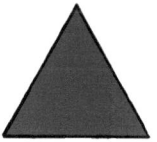

Dreieck

三角

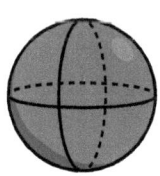

Kugel

球

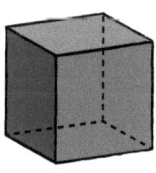

Würfel

立方体

Farben

色

weiß
白

gelb
黄

orange
オレンジ

pink
ピンク

rot
赤

lila
紫

blau
青

grün
緑

braun
茶

grau
灰色

schwarz
黒

viel / wenig

多い / 少ない

wütend / friedlich

怒っている /
落ち着いている

hübsch / hässlich

美しい / 醜い

Anfang / Ende

初め / 終わり

groß / klein

大きい / 小さい

hell / dunkel

明るい / 暗い

Bruder / Schwester

兄弟 / 姉妹

sauber / schmutzig

清潔な / 汚い

vollständig / unvollständig

完全な / 不完全な

Tag / Nacht

日中 / 夜

tot / lebendig

死んだ / 生きている

breit / schmal

幅広い / 狭い

genießbar / ungenießbar

食べられる /
食べられない

böse / freundlich

悪意のある / 親切な

aufgeregt / gelangweilt

興奮している /
退屈している

dick / dünn

太った / 痩せた

zuerst / zuletzt

最初に / 最後に

Freund / Feind

友人 / 敵

voll / leer

いっぱいの / 空の

hart / weich

硬い / 柔らかい

schwer / leicht

重い / 軽い

Hunger / Durst

空腹 / 喉の渇き

krank / gesund

病気の / 健康な

illegal / legal

違法な / 合法な

intelligent / dumm

賢い / 愚かな

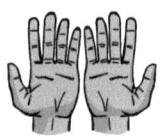

links / rechts

左に / 右に

nah / fern

近い / 遠い

neu / gebraucht

新しい / 中古の

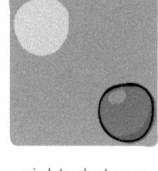

nichts / etwas

何もない / 何かある

alt / jung

老いた / 若い

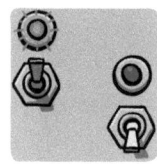

an / aus

オン / オフ

offen / geschlossen

開いている /
閉まっている

leise / laut

静かな / うるさい

reich / arm

裕福な / 貧乏な

richtig / falsch

正しい / 間違っている

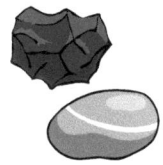

rau / glatt

粗い / なめらか

traurig / glücklich

悲しい / 幸せな

kurz / lang

短い / 長い

langsam / schnell

ゆっくり / 速い

nass / trocken

濡れた / 乾いた

warm / kühl

温かい / 冷たい

Krieg / Frieden

戦争 / 平和

0

null

ゼロ

1

eins

1

2

zwei

2

3

drei

3

4

vier

4

5

fünf

5

6

sechs

6

7

sieben

7

8

acht

8

9

neun

9

10

zehn

10

11

elf

11

12
zwölf
....
12

13
dreizehn
....
13

14
vierzehn
....
14

15
fünfzehn
....
15

16
sechzehn
....
16

17
siebzehn
....
17

18
achtzehn
....
18

19
neunzehn
....
19

20
zwanzig
....
20

100
hundert
....
100

1.000
tausend
....
1000

1.000.000
million
....
100万

Englisch

英語

Amerikanisches Englisch

アメリカ英語

Chinesisch Mandarin

中国標準語

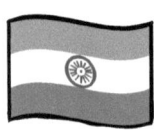

Hindi

ヒンディー語

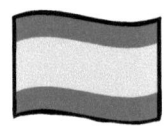

Spanisch

スペイン語

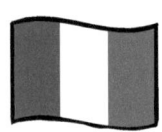

Französisch

フランス語

Arabisch

アラビア語

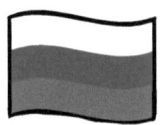

Russisch

ロシア語

Portugiesisch

ポルトガル語

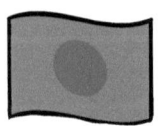

Bengalisch

ベンガル語

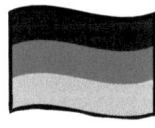

Deutsch

ドイツ語

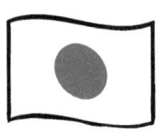

Japanisch

日本語

ich

私

du

あなた

er / sie / es

彼 / 彼女 / それ

wir

私たち

ihr

あなたたち

sie

彼ら

wer?

誰？

was?

何？

wie?

どうやって？

wo?

どこ？

wann?

いつ？

Name

名前

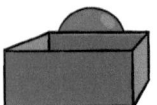

hinter

後ろ

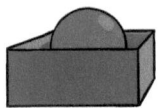

in

中

vor

前

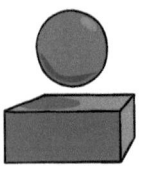

über

上

auf

上

unter

下

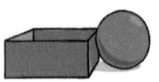

neben

横

zwischen

間

Ort

場所